Les Enfants d'Izieu

Du même auteur

Premier Livre de poésie
Gautier-Languereau, 1969

La Scribure
Buchet-Chastel, 1982

Mère absente, Fille tourmente
Gallimard, 1983

Rouge Braise
Gallimard, coll. « Folio Junior », 1985

Le Guide des meilleurs livres pour enfants
Calmann-Lévy, 1986

L'Enfant-Lecteur
Autrement, 1988

Quand les oliviers marchent dans la plaine
livret d'opéra, version concert Festival d'Avignon, 1989

Les Enfants d'Izieu
cassette, texte dit par Bulle Ogier, Didaké, 1990

La Lettre brûlée
Syros, 1992

J'habite un poème
Seuil, coll. « Petit Point », 1993

Rolande Causse

Les Enfants d'Izieu

suivi du
témoignage de Sabine Zlatin

Seuil

La présente édition reprend en partie le texte publié dans la collection de poche « Petit Point » en 1989, excepté le livret d'opéra qui est inédit.

ISBN 2-02-022132-2
(ISBN 2-02-011402-X, 1re publication)

A la mémoire de ma mère

Izieu
cache heureuse

Ce sont des enfants
Quarante-quatre
Ils habitent une maison au nom étrange
La maison des enfants réfugiés de l'Hérault

Charles et Nina rient ce matin-là en descendant l'escalier
Émile, aux yeux d'un bleu transparent, pleure
  à chaque marche
Albert, le plus petit, à peine quatre ans, bavarde
  avec Barouk
Mina serre la main de sa petite sœur qui ne la quitte
  jamais
Hans se frotte les yeux
Liane chante et saute

La cloche qui les appelle au petit déjeuner a retenti

Affamé, Max se réjouit d'un bol de cacao
Et de tartines de confiture
Il court et bouscule Paula qui rouspète

Ce sont des enfants
Quarante-quatre

C'était le JEUDI 6 AVRIL 1944

C'étaient des enfants

Il y avait encore Sami, Richard, Élie, Lucienne, Fritz,
  Georges, Martha
Ils avaient de quatre à dix-sept ans

Ils étaient quarante-quatre
Dans la maison d'Izieu
Au pied de la montagne

Plantée sur une crête
Cette lourde bâtisse était accueillante et rassurante

Une vaste salle à manger, des chambres-dortoirs
Une pièce-école
Une lingerie, une infirmerie
De multiples recoins, des dépendances, une terrasse
Des lieux de jeux uniques

Les enfants venaient de quitter le lit
  encore chaud de leur corps
Les uns ensommeillés s'étaient habillés lentement
Les autres avaient sauté dans leurs vêtements
  et couru vers la salle à manger
De la chambre des filles partaient des éclats de rire
L'immense maison résonnait de leurs voix, de leurs appels
De leurs murmures

Les retardataires se pressaient

C'était le JEUDI 6 AVRIL 1944

Des hommes entrèrent
Ombres maléfiques
Léa, la monitrice, comprit
Trois hommes sans regard cernèrent les enfants
Déjà assis devant leur bol fumant

Silence
PEUR

Une courte phrase imposa l'effroi

SUIVEZ-NOUS

Tournoient les trois silhouettes sombres

Derrière elles des soldats allemands

SCHNELL/VITE/SCHNELL/VITE
Cliquetis d'armes

Enfants, adultes pris au piège

A l'étage, une voix de femme à un habitant :
« Sauve-toi »

Bruits de chute dans le jardin

Les soldats brusquent les enfants
Ils doivent monter prendre des vêtements,
des affaires de toilette

Barouk passe devant la classe
« Nous t'abandonnons petite école »
Coup de coude dans le dos, un soldat le pousse

Paula glisse son livre de contes entre deux chandails

Jean-Claude cherche son jouet en pleurant
Esther l'aide à faire son baluchon

Les soldats fouillent les armoires, renversent les tiroirs
Volent les cahiers, les carnets, les lettres,
les enveloppes

Charles cache son manuel scolaire sous un pull-over

SCHNELL/VITE/SCHNELL/SCHNELL

Chambres mises à sac
Courrier confisqué
Secrets arrachés

Quarante-quatre enfants poussés, jetés,
entassés dans deux camions

Joseph et Henri-Caïm tentent de se sauver
Des Allemands les arrêtent, les saisissent,
les lancent sur le plateau
Ils tombent, se relèvent, se glissent parmi les autres
« Nous sommes perdus », murmure Joseph à son voisin

Jean-Claude sanglote
Il veut descendre du camion
Le garde l'empoigne, le renvoie brutalement
Des bras se tendent, le rattrapent, le bercent

Sigmund refuse de monter
Coups dans les jambes, dans le ventre
Sigmund capitule et grimpe
Des larmes coulent sur son visage

SCHNELL/VITE/SCHNELL/SCHNELL/SCHNELL

Quarante-quatre enfants et sept adultes impuissants
Sous les ordres ennemis

Dans le camion Léa calme les enfants
Et propose un chant

Ils entament en chœur une chanson
que l'institutrice leur a apprise

« Vous n'aurez pas l'Alsace et la Lorraine »

Les grands narguent les Allemands

Cris, pleurs, chants

Les deux camions démarrent

Les hommes sans regard sont montés
Dans la traction avant qui mène le convoi
A l'arrière une automobile et des soldats armés

Où vont-ils ?
Où vont-ils ?

La maison vide
L'ombre de ses voix

La maison respire encore de ses quarante-quatre enfants
Enlevés, raptés, kidnappés
De ces adultes arrêtés

Pièces désertes

L'angoisse trame sa toile
L'absence laisse des traces
Les bols de cacao, les casseroles encore pleines
Les tartines à peine entamées

Dans les chambres des dessins froissés
Des plumiers jetés
Des crayons, des porte-plume abandonnés
Des vêtements oubliés

Tommy, le chien de tous les enfants, rôde et cherche

Leur merveilleuse
Leur éblouissante présence

Le lendemain
Hélène et Berthe sont heureuses d'aller rejoindre
leurs frères
A Izieu

Elles traversent le village
N'y rencontrent personne

Pressées, elles montent le chemin et s'étonnent
Nul bruit
Aucune voix enfantine
Seul le vent qui se glisse entre les branches
émet un sifflement
Elles avancent d'un pas vif
« Sont-ils tous partis se promener ? »

Hélène ouvre la porte
Dans le couloir une tranchée de silence
Elles avancent
Désordre et saccage
Hélène crie
Le vide fait écho

Elles grimpent l'escalier
Chambres pillées

Hélène et Berthe s'effondrent
« Il est arrivé malheur
Il leur est arrivé malheur »

Là quarante-quatre enfants vivaient heureux

Là ils se consolaient
L'un d'une mère malade
L'autre d'un père arrêté et emprisonné
Certains
De parents brutalisés sous leurs yeux

Le petit Émile se rappelle lorsque son père et sa mère
lui furent arrachés
Il voit son père immense, sa mère toute petite
Les policiers les poussent, les menacent de leur arme
Le père se retourne encore
La porte claque
Émile hurle

Une voisine le serre contre elle

Émile est seul, seul, seul
Il n'a pas cinq ans

Pourquoi ?

Parents battus, enlevés, perdus

Sur leurs vêtements une étoile
Parce qu'ils étaient nés juifs

Parce qu'ils étaient nés juifs
On les enfermait dans des camps
On les entassait dans des trains
On ne sait où on les conduisait
On ne sait ce qu'ils devenaient

A Izieu
Dans la maison-refuge
Quarante-quatre enfants tourbillonnaient
Les uns près des autres ils se réconfortaient
Ils chassaient la peur
Ils l'éloignaient
Ils l'enfermaient au plus profond d'eux-mêmes
Ne voulaient pas la connaître
Ils harponnaient le courage

Des adultes aux douceurs réconciliantes les protégeaient
Sabine et Miron grâce à qui était née la maison d'Izieu
Les monitrices
Léa
Lucie
Mina qui était accompagnée de sa petite fille Lucienne
La doctoresse Sarah-Suzanne qui avait auprès d'elle
son fils Claude
Et ses parents, Moïse, Éva

Les enfants avaient besoin de leurs paroles,
de leurs gestes tendres

Là ils étaient heureux

Ils jouaient, ils apprenaient
Ils chantaient, ils riaient
Ils lisaient, ils dessinaient
Ils bavardaient, ils écrivaient à ceux de leur famille
qui leur restaient
Ils appréciaient les promenades
Ils allaient voir le Rhône qui coulait, large
Rayé de cuivre et d'argent
Ils respiraient l'air vif
Leurs joues se coloraient
Ils se réjouissaient lorsque tombait la neige
Ils fêtaient joyeusement les anniversaires

L'absence, écho perdu, résonnait lointaine ou proche
Parents disparus
Famille dispersée
Espoir d'une lettre

Certains soirs ils étaient chagrins

Mais le jour
Ils étaient vifs, braves, forts

Les grands faisaient des projets
Ils parlaient de partir vers des terres accueillantes
et ensoleillées
D'y emmener tous ceux de la maison

L'avenir
Un havre
Paix retrouvée

Où sont-ils ?
Où sont-ils ?

Tassés dans les camions les enfants se heurtent
dans les virages
Émile sourit dans les bras de Léa

Le soleil inonde les vallons

Ils avancent dans l'air piquant d'avril
Ils ont froid et se serrent les uns contre les autres

Des questions obsèdent adultes et grands
« Pourquoi n'ont-ils pas surveillé le chemin ?
Comment se fait-il qu'ils n'aient pas entendu les
camions ?
Si la cloche avait sonné le danger
Ils se seraient dispersés dans la campagne
comme cela était convenu
Comment ont-ils pu oublier de faire le guet
Ce maudit jeudi de vacances de Pâques ? »

Pourquoi ?
Pourquoi ?

Dans le premier camion
Léa s'acharne à faire chanter les petits

Sauver encore quelques instants
Faire sourdre, seconde après seconde, une joie fragile
Les éloigner du grand chagrin

Sur les genoux de Mina
Se serrent sa fille Lucienne qui vient d'avoir cinq ans
Et Albert, le plus petit

Dans le second camion
Un silence volontaire
Chacun a glissé son bras sous celui du voisin
L'enchaînement les rapproche
Le corps à corps les unit
Mutuellement
Ils se protègent

Fritz
Théo et son meilleur ami Arnold
Ont quinze, seize et dix-sept ans
Tous trois redoutent les jours futurs
Fritz pense à sa mère dont il n'a aucune nouvelle
Depuis deux années

Le convoi roule lentement
Les camions équipés au gazogène
Peinent dans les montées

Dans la plaine ils s'arrêtent

SCHNELL/VITE/SCHNELL/SCHNELL

Les enfants descendent
Ankylosés ils se détendent
Puis, pour se cacher, tentent de s'éloigner

Interdiction
Les soldats quadrillent

Dignité des grandes filles
Qui remontent immédiatement dans le camion

Les Allemands poussent les enfants

SCHNELL/VITE/SCHNELL

L'un d'eux hisse Liane
Elle se débat
Ses pieds battent l'air
Il la jette contre le sol

Les plus jeunes crient
Léa, Lucie, Éva les rassurent

Ils roulent encore longtemps

Otto pense
« A Izieu nous étions choyés
Nous attendions que reviennent des jours comme autrefois
Avant la guerre »
Otto revoit sa maison d'enfance
Ses parents aimés
Temps de rire et de lumière

« Nous aurions dû être vigilants
Nous résistions à l'ennemi
Il nous a poursuivis, rattrapés, vaincus »

Pourquoi ?

Otto murmure
« A Izieu nous ne retournerons plus jamais »
« Tais-toi
Ne parle pas ainsi »
Répond son cousin Fritz

Dans le lointain le soleil telles des lames de feu

A la nuit tombante
Les camions traversent Lyon

Flottent des drapeaux à croix gammée
  au-dessus des monuments
Et aux fenêtres des bâtiments publics

Les camions pénètrent
Dans la prison de Montluc

Tous
Descendent dans une cour carrée, vide et glacée

Enfants et adultes séparés
Garçons et filles en rangs opposés

Les grands portent les petits
Les frères et les sœurs se regroupent

Dans une salle nue
Les enfants attendent

Pourquoi ?
Pourquoi ?

Un à un ils doivent pénétrer dans le bureau

Interrogatoire
« Ton nom ? Le vrai
Je sais : tu es juif

Je sais : tu te caches sous un faux nom
Je veux connaître ton nom exact et l'adresse
  de tes parents
Nous ne te ferons aucun mal
Dis-moi ton nom
Ton vrai nom »

Les enfants déclinent leur fausse identité
Herman s'appelle Armand
Sarah se nomme Suzanne
Les petits bafouillent et pleurent

Hans demeure muet

Il pense à son père Max, son cher père,
  comme il aimait l'appeler
Triste, fatigué, las
Ils l'ont battu
Il n'a pas avoué
Emmené entre deux policiers
Jamais il n'oubliera son geste d'adieu

« Mon cher père
Maman, maman, mon unique
Je suis avec vous
Je ne parlerai pas
Ils ne sauront rien
Maman, maman
Dès que je pourrai je t'écrirai

Je t'enverrai un dessin
Maman, j'irai te chercher à l'hôpital
Je te ramènerai guérie
Père, jamais je ne parlerai »

Silencieux Hans écoute
Il comprend la phrase prononcée en allemand
« Il faut le maximum d'adresses
  pour arrêter toute cette vermine »

Hans demeure muet

On le menace
Hans ne répond à aucune question

On le renvoie

La jeune Senta s'accroche nerveusement à sa sœur Martha
Lorsqu'un soldat la pousse vers le bureau
L'aînée ne peut se détacher

Toutes deux entrent soudées
Comme un bloc à deux têtes

L'effroi se lit dans leurs yeux
Quatre émeraudes glacées

Un réfectoire
Deux gardes distribuent pain et bouillon

Dans des dortoirs improvisés
Les enfants s'organisent
Se serrent et se réchauffent les uns contre les autres

Rénate s'est lovée contre Liane, sa petite sœur
Elle lui chantonne en allemand une berceuse
Leur mère la leur fredonnait chaque soir
Il y a longtemps, à Vienne

Sarah refuse de s'allonger
Elle arpente la salle
Dans sa tête Sarah martèle les mots
« Au malheur de mes onze ans »

Un soldat lui interdit sa ronde

Elle se recroqueville dans un coin
Et recommence
« Au malheur de mes onze ans
Au malheur de mes onze ans »

Il y a deux mois et un jour, c'était son anniversaire

Vendredi 7 avril 1944

A l'aube
Un policier fait l'appel

Les enfants reçoivent une soupe claire

Dans la cour froide de la prison
Éva, Sarah, Lucie, Mina et Léa
Les cinq femmes de la maison d'Izieu
Apparaissent
Lucienne se jette dans les bras de sa mère
Claude embrasse sa mère puis sa grand-mère
Émile court vers Léa
Les autres les entourent et les fêtent

Mais Arnold, Fritz et Théo
Moïse et Miron
Les grands adolescents et les deux hommes
Sont absents

Devant de hauts murs quadrillés de barbelés
Quatre camions attendent

Les enfants d'Izieu sont mêlés à des inconnus

Nouvelle séparation

Douleur de perdre l'ami
Éloignement de celle que l'on veut voir encore

Max-Marcel refuse de monter
Coup de crosse dans le dos

Pourquoi ?
Pourquoi ?

Les camions bâchés traversent la ville

S'arrêtent devant la gare

Les enfants descendent
Ordre leur est donné
De se ranger en colonnes

Ils avancent vers un long train
Des wagons de bois
Aux portes marquées de signes allemands

Ils aperçoivent
Le vieux Moïse, extrêmement fatigué

Miron et les grands garçons
Tous menottes aux mains

Où vont-ils ?

Où vont-ils encore ?

Dans le train
Interdiction formelle de quitter sa place

Lucienne se blottit contre sa mère
  qui protège aussi les plus jeunes
Sami, Jean-Claude, Albert

Dans l'autre wagon Émile s'est endormi
  sur les genoux de Léa

A voix basse
Maurice murmure à Liliane
« Heureuse Sabine
Elle était partie nous sauver
Nous cacher loin d'Izieu
Elle s'est sauvée elle-même »

« Chut, Chut »
Lui répond sa sœur

Par les fenêtres les enfants regardent la campagne
Les villages aux maisons serrées autour d'un clocher
Dans les prés des bœufs tout blancs paissent
Ils longent une rivière
Les arbres du bord s'y baignent
Miroitement du ciel dans l'eau

Il y a de fréquents arrêts
Les enfants n'ont pas le droit de bouger
Si l'un d'eux se lève un soldat le menace de son arme

A la nuit
Le train ralentit
Il longe des immeubles
De timides lumières vacillent

Dans une gare sombre
Les enfants et les adultes sont poussés et regroupés

Lucienne sanglote
Un officier l'a arrachée des bras de sa mère

Mina empoigne l'Allemand qui la rejette

Esther, une grande de douze ans, console la petite

Dans cet immense lieu glacé
Passent des rangs d'adultes enchaînés

Tous sont acheminés vers des camions

Où vont-ils ?

Où vont-ils ?

Dans le premier camion
Mina et Lucie racontent des histoires
Certains s'endorment
D'autres écoutent

Mais Rénate questionne
« Où allons-nous ?
Que vont-ils nous faire ?
Resterons-nous toujours ensemble ? »

Mina n'a pas la force de répondre
Elle commence un conte comme à Izieu

Lucie cajole Rénate

Dans l'autre camion
Léa s'est souvenue de lointaines berceuses polonaises
Elle chante
Léa veut rassurer les petits
Donner du courage aux plus grands

Drancy
une insupportable
attente

Nuit de pluie
Les enfants traversent une cour boueuse
Montent des escaliers gris

Dans une salle au sol couvert de paille
Des gardiens enferment les garçons

Les filles sont dirigées vers un autre bâtiment

Les quatre femmes, Mina, Lucie, Sarah-Suzanne, Éva
Ont obtenu la permission de rester auprès d'elles
Sarah-Suzanne a dû se séparer de son fils

Léa a été enlevée aux enfants

Tous s'endorment
Lentement
D'épuisement

Sauf Éva
Éva ressasse l'arrestation, la prison, l'interrogatoire, l'enfermement

Des étouffements s'emparent d'elle
Les battements de son cœur se précipitent
Elle veut arrêter cette montée folle
Elle veut respirer
Elle n'a plus d'air
Un épais mur l'enserre
Que vont-ils devenir ?
Les siens, Claude son petit-fils, son mari, sa fille,
  tous les enfants

Et elle
Mourir là, maintenant
Elle résiste
« Il faut que je tienne »

Éva s'apaise

Éva se raisonne

Éva sommeille

Samedi 8 avril 1944

Réveillés au petit matin
Les enfants doivent courir vers les latrines

Des hommes amaigris, affamés
Les gardes les rudoient et les forcent à avancer

Certains lancent encore de perçants regards de révolte
D'autres semblent ne plus voir
Hommes brisés, détruits, anéantis

Pourquoi ?

Autour d'eux un carré de bâtisses à la construction hâtive
Est-ce un camp ?
Est-ce une prison ?

Pourquoi sont-ils là ?

Pourquoi ?

SAMEDI 8 AVRIL 1944

Léa est entrée, fière, dans le bureau du chef

Elle décline son identité

LÉA FELDBLUM, JUIVE

« Marie-Louise Decostes était un nom d'emprunt »

Juive
Elle peut rejoindre les enfants

Ses enfants

Elle court vers eux et aide Sarah à organiser la classe

Heure des petits
Jeux avec les lettres
Mots répétés
Comptines reprises en chœur

Temps avec les grands
Grâce au manuel emmené par Charles

Les garçons et les filles veulent apprendre
Pour leurs parents lorsqu'ils les retrouveront
Pour avoir un métier plus tard
Et pour devenir savants, disent-ils

Egon est scandalisé par les nouvelles du camp
Chaque matin
Des prisonniers sont emmenés dans des entrepôts à Paris
Là des miliciens les obligent à répertorier, classer, emballer
Les biens des Juifs réquisitionnés lors de leur arrestation

Une femme a reconnu le médaillon de sa mère

Isidore interroge
« Où irons-nous demain ? »

Hans
« A la police j'ai entendu que tous les Juifs
seraient enfermés
Dans des camps
En Allemagne
Comme mon père
Je le rejoindrai
Je le retrouverai »

Les enfants entendent des cris, des hurlements

D'incompréhensibles mots hachés, haineux
Suivent des plaintes

Un crescendo aigu
Comme un animal pris au piège

Ou une lamentation
Telle une voix d'enfant

Cela les effraie encore davantage

« Vont-ils nous battre ? »
Demande Alice-Jacqueline
« Non, non, non », répond Léa

Dans la journée les enfants survivent
Malgré les privations, l'inconfort et la peur

Chaque soir
Avant la tombée de la nuit
Lorsqu'ils ne sont pas encore enfermés dans leur dortoir
Les monitrices d'Izieu inventent des contes
D'abord pour les garçons
Plus tard pour les filles
Richard, Sami, Jean-Claude, Jacob, Georges, Albert et Max
Chacun réclame son histoire

Elles essaient de leur donner ce plaisir

La nuit les petits geignent dans leur sommeil
Leur pantalon est souvent marqué de larges taches humides

Herman hurle en dormant
Il réveille ses voisins qui grognent contre lui

Nina se lève
Telle une somnambule

Éva lui parle
Nina ne la voit pas

En douce grand-mère
Éva l'allonge à ses côtés et chantonne

Nina s'endort

Éva demeure éveillée
L'angoisse l'envahit

Un matin
Paula et son petit frère
Ensemble dans la journée
Aperçoivent leur mère Frieda
Dans la cour du camp

Arrêtée juste après le départ d'Izieu

Ils se précipitent
Ils se regardent
Ils s'embrassent
Ils pleurent
Ils rient
Ils s'étreignent

Marcel saute en criant

Une joie sauvage les envahit

Mère, fille, fils
Soudés en un être unique

Farouche bonheur au camp de Drancy

Frieda a été arrêtée juste après le départ de ses enfants
Nul doute
Son adresse avait été relevée
Par les Allemands à Izieu

L'inquiétude redouble
Sami et Liane demeurent couchés, fiévreux
Ils se plaignent et grelottent

Mina décide d'écrire à sa mère
Elle n'a ni papier, ni enveloppe

Avec un tesson de verre
Elle s'est volontairement ouvert la main

Chaque jour
La tombée de la nuit
Vient comme un temps d'oubli

La fatigue, la faim, le froid abattent les enfants

Léa, Mina, Sarah-Suzanne et Éva sont auprès d'eux
Tentent de les dorloter
Essaient de les rassurer
Et d'endormir les plus jeunes

Auschwitz
l'innommable

JEUDI 13 AVRIL 1944

Dans l'aube incertaine
Un officier crie des noms

Trente-quatre enfants d'Izieu sont désignés

Ce sont
Sami 5 ans
Nina 12 ans
Max-Marcel 12 ans
Jean-Paul 10 ans
Esther 12 ans
Élie 10 ans
Jacob 8 ans
Jacques 12 ans
Richard 7 ans
Jean-Claude 5 ans
Barouk 12 ans
Majer 13 ans
Albert 4 ans
Egon 9 ans

Maurice 13 ans
Liliane 11 ans
Henri-Caïm 13 ans
Joseph 12 ans
Georges 8 ans
Isidore 10 ans
Rénate 8 ans
Liane 6 ans
Max 8 ans
Claude 10 ans
Fritz 15 ans
Gilles 8 ans
Martha 10 ans
Senta 9 ans
Sigmund 8 ans
Sarah 11 ans
Max 12 ans
Herman 10 ans
Otto 12 ans
Émile 5 ans

Ce sont
Aussi
Léa
Sarah-Suzanne
Moïse
Éva

Pourquoi ?

Pourquoi trente-quatre enfants ?
Pourquoi quatre adultes ?

POURQUOI
POURQUOI

JEUDI 13 AVRIL 1944

Petit jour glacé
Silence inquiétant
Séparation

Enfants ahuris, adultes anxieux
Compressés dans un camion bâché
Avec des inconnus

On entend des sanglots, des reniflements

Sami se cache contre la poitrine de Gilles

Une femme à la voix grave dit une complainte
Barouk chante avec elle

Encore une fois
Ils marchent alignés
Dans une gare sombre

La pluie cogne contre la verrière

Des colonnes
De pauvres hères poussés vers des wagons à
  bestiaux

On les entasse
Léa protège Émile et le plus d'enfants
  possible
Elle cache son effroi

Dans un coin
Martha et Senta sont recroquevillées
On ne voit que leurs yeux verts
Si intensément verts sur leur peau mate

Regard fixe
Regard vert
Regard de peur

Dans un autre wagon
Sarah-Suzanne a retrouvé son fils Claude
Et ses parents

Éva console Rénate et Liane

Les portes se ferment

Pressés à soixante entre des planches

Aucune fenêtre
Aucune aération

Des hurlements s'élèvent
Lorsque le train démarre

Ce ne sont pas les enfants
Mais des inconnus

Un femme crie qu'elle veut vendre son manteau de fourrure
En échange d'un bouquet de fleurs
Elle leur vante ce riche vêtement d'Astrakan

Jean-Paul et Isidore la regardent
Ils ont compris qu'elle a perdu la raison

Jacques a réussi à ne pas quitter ses petits frères
Richard et Jean-Claude
Serrés les uns contre les autres, ils se parlent sans cesse

Liliane prie Dieu de venir à son secours

Le temps s'égrène
Et le corps fait mal
Il tire, se noue, enfle

Otto pense que ses parents avant lui avaient dû prendre
La même destination inconnue
Il se souvient soudain de ce mot entendu
Au camp de Gurs
Lors de leur arrestation
Les rejoint-il ?

Vers quelle « destination inconnue » vont-ils ?

A la gare
Max a été séparé de son petit frère
Il revoit ses amis Paula et Marcel
  lorsqu'ils ont retrouvé leur mère

Leur bonheur

Sa solitude
Où sont ses parents ?
Son frère ?
Herman perdu, abandonné

Un mal effrayant l'envahit

Des cercles de plomb douloureux et toujours présents
  l'étouffent

Que va-t-il devenir ?

Dans le wagon
Une femme au visage livide
Hurle de souffrance
Ses mains massent son ventre

On se serre encore
Afin qu'elle puisse s'allonger sur le sol

Léa s'occupe d'elle
Émile lui tapote les joues
Il entend qu'elle vient de perdre son bébé

Debout depuis douze heures
Les jambes s'ankylosent, s'alourdissent

Des points de douleur s'incrustent

Parfois le tressaillement du wagon se calme
Le train stoppe

Les portes s'ouvriront-elles ?

Par les interstices
On devine la nuit

Quelques enfants ont glissé au sol
Rapetissés

D'autres s'appuient
Le long des parois tremblotantes

Les portes demeurent closes

Les ventres boursouflent

Les petits urinent sous eux

Tout cri
Toute parole
Ont cessé

Des visages se couvrent de pleurs

Les larmes coulent silencieuses, lointaines, abandonnées

Elles chutent en transit d'un cauchemar

Larmes indolores

Larmes inconnues

Larmes irréelles

Léa est effrayée

Les visages vieillissent
Les traits se brouillent
L'enfance s'efface

Laides, vieilles, fanées, exsangues
Vieux, tassés, ridés, ratatinés

Les enfants lui ont été volés

Métamorphosés en maléfiques nains centenaires

Léa tremble
Se frotte les yeux
Caresse Émile endormi
Aux joues si pommelées

Le train s'arrête
Une gare, des voix, des mots allemands jetés

Les portes s'ouvrent
Personne n'ose bouger

Puis
Un à un
Descendent des êtres hagards
Au corps brisé

Des soldats les dirigent à coups de fouet

Chacun boit goulûment de l'eau glacée

Des infirmières distribuent des morceaux de pain

Egon n'a pas eu la force de saisir le sien
Il le regarde flotter
Au centre d'une flaque

Egon se dirige flageolant vers les rails

Un soldat le pousse dans un wagon

Les portes claquent
Bruits de crochet

Enfermés
Étouffés
Prisonniers

Où vont-ils ?

Pourquoi ?

SAMEDI 15 AVRIL 1944

Le convoi 71 arrive à destination

Sur un quai
Mille corps émaciés aux visages blafards

Un vent glacé tranche la peau

Ceux d'Izieu se regroupent

Un officier demande
« Y a-t-il des adultes qui veulent accompagner ces enfants ? »
OUI, TOUS
TOUS
NOUS VOULONS

Léa serre les petits contre elle
Éva et Moïse entourent les enfants
Sarah-Suzanne soutient Claude

« Montez dans le camion
Vous arriverez plus vite »

Trente-quatre enfants poussés, bousculés, maltraités
Léa se précipite et les suit

Éva, Moïse et Sarah-Suzanne sont chassés vers un deuxième convoi

Sarah-Suzanne se débat
Veut rejoindre son fils
Impossible
Le camion s'éloigne

Chemin de forêt

Transis
Fourbus
Muets

Les enfants
Léa
Se pressent les uns contre les autres

Le camion cahote

Les enfants se touchent
Ils n'osent se regarder

Chemin de forêt

Du 15 avril au 30 juin 1944

Les dix autres enfants et les trois adultes
  arrêtés à Izieu
Feront le même parcours
Éprouveront les mêmes souffrances
Vivront la même douleur

Par le convoi 73
Miron le fondateur de la maison d'Izieu
Arnold et Théo
Partiront

Paula et son frère Marcel ainsi que leur mère
Arriveront au même point
Dans le convoi 74

Dans l'infernal convoi 75
Alice-Jacqueline, Charles et Hans
Tous trois âgés de dix ans
Souffriront dans une solitude extrême

Par le convoi 76
Les deux sœurs
Mina et Claudine
Ainsi que la monitrice Mina et sa fille Lucienne
Seront transférées de camp à camp
Le 30 juin 1944

Pourquoi
Pourquoi
Pourquoi

SAMEDI 15 AVRIL 1944

Une rangée de baraquements sommaires
Encerclés de barbelés et de miradors

SCHNELL/SCHNELL/SCHNELL

Léa saute la première

SCHNELL/SCHNELL

Suivent les enfants

« *Sind das deine Kinder ?* »
Ce sont tes enfants ?

« *Das ist eine Kinderheim* »
C'est une maison d'enfants
Répond Léa

L'officier arrache Émile de ses bras
La rejette
La sépare des enfants

Émile hurle
L'officier le tire sauvagement vers les autres

Encadrés de kapos
Les enfants avancent

Murs gris
Les uns derrière les autres

Bagages confisqués

Murs gris
Les uns derrière les autres

Tondus

Les cheveux tombent par poignées
Aériennes boucles blondes, mèches brunes, flocons roux
Chevelures séparées, pesées, empaquetées

Rénate ne cesse de caresser son crâne chauve
Épouvante

Murs gris
Les uns derrière les autres

Chaussures ôtées
Vêtements abandonnés
Répertoriés, classés, rangés

Corps nus

Murs gris
Les uns derrière les autres
Tous
Nus

Silhouettes fines
Attaches fragiles
Peau blanche aux veines bleutées
Douces rondeurs

Richard se cache
Richard a honte

Murs gris
Les uns derrière les autres

« Cochon de juif »
Entend Egon
« Cochon de vous »
Répond-il

Ils avancent
Nus
Dans le froid

Vers une lourde porte

Ils avancent
Sans mot
Sans pleurs
Dans l'absolue terreur

Vers une lourde porte

Ils sont alignés

Devant une lourde porte

Maurice ne pense qu'à Liliane
Sa sœur

Dans le rang des filles
Il l'aperçoit

Les larmes l'envahissent

Elle lui sourit

Une lourde porte s'entrouvre
Il ne quitte pas Liliane des yeux
Un homme le pousse
Il entre
Noyé dans ce sourire

Une lourde porte
Rénate se jette dans les bras de sa sœur
Enlacées elles avancent

Une lourde porte

Barouk refuse
Il est lancé

Une lourde porte

Les enfants pénètrent derrière

Une lourde porte
Se referme

Dans le camp passent des femmes décharnées
aux visages terreux

Devant elles une haute cheminée
S'en échappe une lourde fumée

Léa regarde son poignet
On vient d'y tatouer le numéro 78620

Une femme s'approche

Léa demande
« Où sont les enfants ? »

« Regarde
Tu vois la cheminée
Les flammes qui sortent
Tu sens l'odeur âcre
Tu n'as toujours pas compris ? »

Léa pousse un cri

Air parcelles de vie consumée
Air qui porte, qui emporte, qui transporte
Les enfants
Ces enfants
Mes enfants

Disparus

Tués

« Gazés puis brûlés », murmure la femme

Leur corps dans le creux des flammes
Détruits
En cendres
Vent poudreux

Respirer l'irrespirable

Les enfants morts
Niés, effacés, supprimés

Sans corps
Sans squelette
Sans trace
Sans tombe
Sans deuil

Assassinés

Ce matin
Ils vivaient

A Izieu
Ils chantaient
Ils chahutaient
Ils raisonnaient
Ils s'aimaient

Espiègles
Gourmands
Tendres
Intelligents

POURQUOI
POURQUOI

Parce qu'ils étaient nés juifs

Parce que la barbarie hitlérienne
Décida d'exterminer tous ceux qui étaient nés juifs

Comme vous auriez pu naître

Comme nous aurions tous pu naître

Gazés puis brûlés
Assassinés
Les enfants
Et les adultes d'Izieu

C'étaient des enfants
Quarante-quatre

Ce sont des enfants
Quarante-quatre

Pour toujours
Ce sont
Les enfants

LES ENFANTS D'IZIEU

Léa fut la seule survivante
Du camp d'extermination d'Auschwitz

Miron Zlatin et les deux adolescents, Théo et Arnold
Avaient été envoyés dans une forteresse
Comme ils étaient forts
Chaque jour
Ils allaient travailler dans un moulin
Le 31 juillet 1944
Tous trois furent fusillés à Reval (actuellement Tallinn, capitale de l'Estonie)

Léon Reifman
Celui qui sauta par la fenêtre du premier étage de la maison d'Izieu
Réussit à échapper à la Gestapo

Tous les autres moururent à Auschwitz

à Claude Samuel
à Prune Berge

Les enfants d'Izieu

Opéra

Livret de Rolande Causse
revu avec le metteur
en scène Alain Ollivier

Musique de Nguyen-Thien-Dao

LA RÉCITANTE

LE CHŒUR D'ENFANTS

SOPRANO - ÉDUCATRICE I

TÉNOR - ÉDUCATEUR

BASSE - GESTAPISTE I, S.S.

ALTO - GESTAPISTE II et ÉDUCATRICE II

ENSEMBLE INSTRUMENTAL :

une flûte pouvant jouer pic., un hautbois, une clarinette pouvant jouer clar. basse, un cor, une trompette, un trombone, trois percussions et cordes : 2. 2. 2. 2. 1.

PROLOGUE

Hymne aux enfants du monde

LE CHŒUR D'ENFANTS

(Tous ces mots sont dispersés au gré de la musique)

Enfants des sables
Enfants des forêts
Enfants des villes
Enfants des rizières
Enfants des rêves Étoilés

Enfants soldats

Enfants blessés
Enfants parias
Enfants mendiants
Enfants souffrants
Enfants mourants

Glissez-vous le long d'échelles de fleurs
Murmurez

L'espoir - brassée de baisers
Caresses marines
L'espoir - édredon de douceur
Paroles porte-bonheur

Aux oiseaux piailleurs
  clamez vos désirs

A l'arc-en-ciel
  portez vos voix

A l'appel des fées
  dansez   D'éclats de rire

Tutti vocalises.

ACTION I

Izieu, cache heureuse

LA RÉCITANTE

A Izieu, village de l'Ain perdu dans la montagne, vivaient quarante-quatre enfants juifs. Leurs familles avaient fui l'Allemagne, l'Autriche, la Pologne, la Russie, d'autres étaient originaires d'Afrique du Nord. Tous croyaient trouver refuge et protection en France. Mais, dans la zone occupée, à partir de 1942, les pères de certains enfants furent arrêtés et déportés. D'autres parents, réfugiés en zone libre, furent internés et séparés de leurs fils et de leurs filles ; livrés aux S.S. par le gouvernement de Vichy, ils furent envoyés au camp d'extermination d'Auschwitz.

LE CHŒUR D'ENFANTS

A Izieu, nous jouons, nous rions.
Protégés et câlinés...

VOIX DU CHŒUR D'ENFANTS

(1) Ici, on est bien.
(2) Le soir, Léa nous raconte des histoires.
(3) Je m'ennuie de mes parents.

VOIX DU CHŒUR D'ENFANTS

(1) Souvent, il y a la fête.
(2) J'aime recevoir des lettres de ma sœur.
(3) Aujourd'hui, nous irons voir le Rhône qui coule
comme un fleuve d'argent...
(4) Je suis triste. Où est ma mère?

SOPRANO - éducatrice I

Au matin, Élie et Hans ont encore pleuré
dans leur cauchemar.

LE CHŒUR D'ENFANTS

Oui, oui, oui...
Ici, dans notre classe, apprendre est un plaisir... Oui, oui...
A la sieste vient le temps des contes.
Le jeudi et le dimanche, nous nous promenons
et nous grimpons dans les montagnes sauvages
autour de la maison.

VOIX DU CHŒUR D'ENFANTS

Nous cueillerons un bouquet pour le retour de Sabine.
Plus tard, je serai musicien comme mon père...
Émile pleure.

LE CHŒUR D'ENFANTS

A Izieu
  nous sommes protégés.
A Izieu
  nous sommes aimés.

TÉNOR - éducateur

Charles et Nina rient.
Le petit Albert bavarde avec Barouk.
Mina tient la main de Claudine.
Les deux sœurs ne se séparent jamais.

SOPRANO - éducatrice I

De la chambre des filles partent des rires.
L'immense maison résonne
  de leur joie, de leurs appels, de leurs murmures...

TÉNOR - éducateur

Pourtant le danger se rapproche.
Dans la vallée, un ami a été arrêté.

SOPRANO - éducatrice I

Les menaces s'amplifient.
L'ennemi nous guette.
La peur m'envahit.

TÉNOR - éducateur

Sabine est partie chercher des lieux
  où cacher les enfants.
Nous devons les disperser.

SOPRANO - éducatrice I

Nous devons fermer la maison.

ACTION II

L'arrestation

LA RÉCITANTE

C'était le matin,
  du jeudi 6 avril 1944.
Il était 9 heures à peine.
La maison bourdonnait des voix d'enfants.
Dans des camions réquisitionnés, les soldats armés
  sont arrivés.

BASSE - gestapiste I

Départ.
Immédiat. Immédiat. Schnell !

ALTO - gestapiste II

Suivez-nous. Schnell !
Sans rechigner.

LA RÉCITANTE

Des hommes sans regard pénètrent dans la maison.
Ils arrêtent tous les enfants, tous les adultes.

BASSE - gestapiste I

Dehors. Schnell !

SOPRANO - éducatrice I

Comment avons-nous pu nous laisser prendre ?

ALTO - gestapiste II

Arrête de pleurnicher.

LE CHŒUR D'ENFANTS

Nous ne voulons pas partir.
Nous ne voulons pas quitter Izieu.
(répéter 4 fois)

ALTO - gestapiste II

Avancez.
Rang serré.

BASSE - gestapiste I

Sans un mot.
Schnell.

VOIX DU CHŒUR D'ENFANTS

(1) Je refuse.
(2) Le livre, je l'emmène.
(3) Mon ours. Où est-il ?

BASSE - gestapiste I

Dans le camion.
Plus vite.
Filez vermine.

SOPRANO - éducatrice I

Ils fouillent les placards, renversent les tiroirs.
Volent les cahiers, les carnets, les lettres.

VOIX DU CHŒUR D'ENFANTS

(1) J'ai perdu ma poupée...
(2) La voilà, la voilà...
(1) Elle est si belle.

LE CHŒUR D'ENFANTS

Nous ne voulons pas partir.
Nous ne voulons pas quitter Izieu.

TÉNOR - éducateur

Courage. Nous resterons ensemble.
Serrez-vous la main, donnez-vous le bras.

SOPRANO - éducatrice I

Armoires pillées, secrets arrachés.

TÉNOR - éducateur

Ne brutalisez pas les enfants.

BASSE - gestapiste I

Tire-toi !

LA RÉCITANTE

Quarante-quatre enfants,
  sept adultes,
  battus, jetés, entassés dans des camions.
Pourquoi ? Pourquoi ?

ALTO - gestapiste II

Dans les camions !

BASSE - gestapiste I

Plus vite que ça. Tous, tous.

LE CHŒUR D'ENFANTS

Où allons-nous ?

(répéter 4 fois)

Le fort de Montluc

LA RÉCITANTE

Le même jour, ce jeudi 6 avril 1944 au soir, les enfants et les sept adultes sont enfermés dans le fort de Montluc, à Lyon.

VOIX DU CHŒUR D'ENFANTS

(1) Je revois mes parents. Je pleure leur départ.
(2) Je pleure notre maison d'autrefois.

LA RÉCITANTE

Les enfants attendent en rang.

Un à un, ils pénètrent dans le bureau :
Interrogatoire...

(La scène de l'interrogatoire sera parlée)

BASSE - gestapiste I

Pierre Romanay.
Pierre Romanay, ce n'est pas ton nom. Je sais, tu es juif.
Donne-moi ton nom, le vrai et l'adresse de tes parents.
Je ne te ferai pas de mal.
Je veux ton nom. Ton vrai nom.

L'enfant reste muet.

BASSE - gestapiste I

Pierre Romanay, tu ne t'es jamais appelé comme ça !
Donne-moi ton véritable nom sinon je me fâche !

L'enfant reste muet.

BASSE - gestapiste I

Juden sau, juden schwein, juda verecke !

L'enfant reste muet et le soldat allemand s'éloigne.

L'ENFANT

Mon cher père.
Ils t'ont battu et tu n'as pas avoué.
Je me souviens encore de ton geste d'adieu.
Jamais je ne parlerai.
Maman,
  je t'écrirai.
J'irai te chercher.
Je te ramènerai.

Maman,
  jamais je ne parlerai.

BASSE - gestapiste I
(réapparaissant)

J'exige ton nom juif et ton ancienne adresse. Tu entends !

L'ENFANT

Je veux retourner à Izieu.

BASSE - gestapiste I

Tu te moques de moi.
Tu veux revoir tes parents, alors réponds.

L'enfant reste muet.

BASSE - gestapiste I

Dis-moi ton vrai nom et tu les reverras plus vite.

L'enfant demeure muet.

BASSE - gestapiste I

Je te l'arracherai ce sale nom !
Petit parasite qui vit sur la peau du peuple aryen !

Le camp de Drancy

LA RÉCITANTE

Le samedi 8 avril 1944, les enfants arrivent au camp de Drancy. Barbelés, miradors, et gendarmes qui surviennent. Ils entrent dans une immense cour entourée de bâtiments ressemblant à une caserne. Les enfants sont séparés et enfermés au camp de Drancy.

TÉNOR - éducateur

Nous voyons des hommes brisés, angoissés
  par leur prochain départ.

SOPRANO - éducatrice I

On entend des pleurs, des cris.
Des hurlements.
Suivent des plaintes, des lamentations.

TÉNOR - éducateur

Des ordres secs, précis.

LE CHŒUR D'ENFANTS

Pourquoi tant de haine?
Parce que nous sommes juifs,
  nous sommes enfermés, emprisonnés, maltraités.
La liberté nous est volée.

SOPRANO - éducatrice I

Je veux consoler les enfants, les rassurer.
Les enfants, mes enfants...

TÉNOR - éducateur

Les enfants sont affaiblis.
Qu'allons-nous devenir?

SOPRANO - éducatrice I

Chaque jour,
  à la tombée de la nuit,
  le froid, la faim, la fatigue redoublent.

TÉNOR - éducateur

Chaque jour,
  l'inquiétude augmente.

SOPRANO - éducatrice I

J'étouffe. J'étouffe.

LA RÉCITANTE

Parce qu'ils sont nés juifs, ils sont emprisonnés.
Les petits tombent malades.
Les grands souffrent.
Tous ont peur.

LE CHŒUR D'ENFANTS,
VOIX SOLISTES DU CHŒUR, 4 SOLISTES

Colère.
Rage.
Révolte.
Des armes.
Des pioches.
Des pics, des lances, des haches.
Même des bâtons, nous n'en avons pas.
Nos mains
Nues.
Nous battre.
Les abattre.
S'opposer.
S'échapper.
Nous venger.
Nous sauver.
Nous révolter.

ACTION III

Le train

LA RÉCITANTE

Le jeudi 13 avril 1944.
Dans une aube glacée, des adultes effrayés, des enfants ensommeillés traînés vers des wagons à bestiaux.
Départ Paris-Bobigny.
Convoi Numéro 71.
Wagons plombés.
« [...] Trois jours. Trois nuits.
Faim. Soif. Folie.
Urine. Excréments.
Folie. Coups. Hurlements [...] » [1]

TÉNOR - éducateur

Dans un coin,
Santa et Martha sont comme anéanties.
On ne voit que leurs yeux verts.
Si intensément verts,
  sur leur peau mate.
Regard fixe. Effroi.

ALTO
(changement de rôle, devient éducatrice II)

Les visages se couvrent de larmes.

---

1. Phrases extraites du témoignage de Paul Chitelman disant le terrible voyage vers Auschwitz. Serge Klarsfeld, 1993, *Le Calendrier des persécutions des Juifs en France, 1940-1944.*

SOPRANO - éducatrice I

Larmes lointaines, abandonnées, silencieuses.

TÉNOR - éducateur

Larmes.

ALTO - éducatrice

Larmes inconnues.
Larmes indolores.
Larmes irréelles.

TÉNOR - éducateur

Lacrimosa de la fin des temps

LE CHŒUR D'ENFANTS

Faim, douleurs, chaos.
Bouger fait mal.
Pleurer fait mal.
Silence assourdissant.

TÉNOR - éducateur

Les visages vieillissent.
Les traits se brouillent.
L'enfance s'efface.

SOPRANO - éducatrice I

Lacrimosa de la fin des temps

Auschwitz

LA RÉCITANTE

Le samedi 15 avril au soir, le train s'arrête.
Les enfants sont fourbus, transis, muets.
Le wagon s'ouvre.
Sur la rampe, près du camp de Birkenau, un S.S. s'approche de notre groupe.
— Ce sont vos enfants ?
— Non. Nous sommes leurs mères adoptives.
— Voulez-vous rester avec eux ?
— Bien sûr !
— Montez avec les enfants, vous arriverez plus vite ! [2]

ALTO - éducatrice II

Quai de gare
Corps émaciés

LE CHŒUR D'ENFANTS

Où nous mène ce chemin ?

LA RÉCITANTE

Au camp d'Auschwitz-Birkenau.

ALTO - éducatrice II

Auschwitz
Murs gris.

---

2. Phrases extraites du témoignage d'Édith Klebinder. Serge Klarsfelf, 1993, *Le Calendrier des persécutions des Juifs en France, 1940-1944*.

Les uns derrière les autres.
Bagages confisqués.

SOPRANO - éducatrice I

Les enfants se serrent,
  se donnent la main.
Vers d'autres...

BASSE - S.S.

En rang, en rang

LA RÉCITANTE

Dans le froid
Ils avancent
Tous

ALTO - éducatrice II

Un long rang glacé qui avance

SOPRANO - éducatrice I

Dans l'absolue terreur

ALTO - éducatrice II

Vers une lourde porte

TÉNOR - éducateur

Ils avancent
Sans mot
Sans pleurs

SOPRANO - éducatrice I

Dans l'absolue terreur
Alignés
Devant une lourde porte

TÉNOR - éducateur

Alignés

BASSE - S.S.

Alignés

En rang. En rang

Entrez

VOIX SOLISTE
ÉMERGEANT DU CHŒUR
(berceuse)

Un matin du monde

A la lumière rosée

Légère, légère

Lumière rosée

LA RÉCITANTE, SOPRANO
- éducatrice I, ALTO - éducatrice II

Les enfants
  passent la lourde porte
La lourde porte
  se referme

SOPRANO - éducatrice I

Les enfants
Mes enfants

SOPRANO, ALTO,
TÉNOR - éducatrices I et II, éducateur

Gazés et brûlés

LA RÉCITANTE

Six adultes
Quarante-quatre enfants
  assassinés

Pour toujours
  ils sont les enfants d'Izieu

CODA

VOIX SOLO DU CHŒUR D'ENFANTS

Légère, légère

Lumière rosée

SOPRANO - éducatrice I

A la tombée de la nuit

ALTO - éducatrice II

Nus
Nuit
Abîme

SOPRANO, ALTO - éducatrices I et II

Tous gazés
Tous brûlés
Aucun n'est revenu

Témoignage de Sabine Zlatin

En 1943, Mme Sabine Zlatin et son mari Miron Zlatin fondèrent la Maison d'Izieu afin de recueillir des enfants juifs.

Après avoir lu la bouleversante évocation de la tragédie qui s'est abattue le 6 avril 1944 sur la Maison d'enfants d'Izieu, il n'est pas inutile d'expliquer ce qu'était cette maison, pourquoi quarante-quatre enfants juifs se trouvaient dans ce petit village de l'Ain.

Nous exploitions, mon mari Miron Zlatin, trente-six ans, ingénieur agronome et moi, trente-trois ans, une ferme à Landas, dans le Nord, à quelques kilomètres de la frontière belge, lorsqu'en mai 1940, devant la foudroyante progression des divisions blindées nazies, nous avons dû abandonner la ferme et prendre le chemin de l'exode, vers le sud.

Infirmière de la Croix-Rouge militaire, j'ai été engagée à l'hôpital militaire de Montpellier, en zone « libre ». J'en ai été congédiée en 1941, comme juive, en application des mesures de discrimination raciale prises par le gouvernement de Vichy. Voilà comment, en 1941 et 1942, assistante sociale à la préfecture de l'Hérault, j'ai pu consacrer mon activité à faire sortir des enfants juifs des camps d'Agde, puis de Rivesaltes.

Dans les baraquements étaient entassées, sans le moindre souci d'hygiène, sur de la paille, des familles de réfugiés d'origine étrangère. Leurs conditions de vie étaient tragiquement insuffisantes, leurs perspectives d'avenir incertaines, sombres. A chacun de mes voyages, il me fallait obtenir du préfet de l'Hérault l'autorisation d'emmener plusieurs enfants juifs nommément désignés. Du tabac, des tickets de vin, glissés à certains gardiens, facilitaient les choses. Parfois, j'ai aussi pu sortir clandestinement quelques enfants tsiganes. Les enfants juifs étaient placés dans les maisons de l'OSE (Œuvre de secours aux enfants).

Lorsqu'en novembre 1942 la zone Sud a été occupée à son tour, la situation est devenue progressivement beaucoup plus difficile.

En avril 1943, nous décidions, mon mari et moi, de quitter Montpellier avec dix-sept enfants juifs et quelques moniteurs, pour essayer de trouver une maison dans la zone d'occupation italienne, plus tolérante que celle sous occupation allemande.

Le sous-préfet de Belley (Ain), Pierre-Marcel Wiltzer, réquisitionna pour nous une maison vide à Izieu. Il nous procura aussi le mobilier de première nécessité : lits, couvertures, matériel de cuisine, tables, bancs, etc.

Ainsi fut établie la « Maison d'enfants réfugiés de l'Hérault ». Miron prit en main le ravitaillement, tâche primordiale, ardue à cette époque.

Les enfants, dans ce site isolé, entouré de montagnes, loin des routes principales, choyés par les éducateurs, commencèrent à revivre.

Ces enfants, garçons et filles, avaient de quatre à dix-sept ans. Ils venaient de camps où leurs parents étaient restés enfermés. On leur voyait parfois un sourire, mais au fond de leur cœur grondait une révolte profonde.

Les plus grands travaillaient avec un sourd acharnement à l'école d'Izieu ou au collège de Belley. Souvent, pendant les vacances, je les trouvais plongés dans un livre. Ils prenaient rarement part aux jeux. Jamais je ne les ai entendus dire : « Que c'est beau, ces fleurs, la montagne, le Rhône. » Ils vivaient alors dans leur univers d'isolement.

Quant aux petits, ils adoraient jouer, chanter. Ils voulaient vivre. Dans leur cœur, le cauchemar des camps était presque oublié. Quand un visiteur venait à la Maison, ils tendaient leurs mains et lançaient de grands bonjours. Ces enfants, avec le temps, peu à peu, cessaient de pleurer et ne réclamaient plus leurs parents.

Ils étaient entourés de la chaleureuse présence des éducatrices et du docteur Suzanne Levan-Reifman, une femme admirable qui savait les écouter et soigner leurs petits bobos.

L'institutrice, Mme Tardy, qui était affectée à la Maison et y faisait sa classe, vantait leur intelligence et leur éveil précoce, l'une et l'autre au-dessus de leur âge. C'est elle qui leur apprit le chant que les enfants entonnèrent dans les camions de la Gestapo : « Vous n'aurez pas l'Alsace et la Lorraine. » Les enfants d'Izieu avaient la haine du nazisme et l'amour de la France.

Dans cette maison, renaissait l'espoir.

Cependant les difficultés matérielles rendaient de plus en plus précaire la survie de la Maison. Organisés au départ pour dix-sept enfants, nous en avons accueilli beaucoup d'autres, envoyés par l'OSE, qui dispersait ses propres maisons d'enfants. Puis l'UGIF (Union générale des Israélites de France) se mit aussi à nous envoyer des enfants qu'elle ne savait où placer. Ces enfants qui nous arrivaient sans que nous soyons prêts à les recevoir, comment ne pas les accepter ? Nous nous sommes trouvés avec quatre-vingts enfants. Nous avons dû installer un dortoir dans la grange.

Depuis les tout derniers mois de 1943, nous étions sans ressources.

Entre-temps, heureusement, mon mari avait noué d'étroites relations avec les maquis environnants. Quand Miron put exposer en détail notre situation au colonel Romans-Petit, le chef des maquis de l'Ain, celui-ci nous fournit immédiatement les fausses cartes d'alimentation indispensables. Il nous fit parvenir aussi du ravitaillement et une aide financière. C'est à la Résistance que la Maison d'Izieu doit d'avoir survécu, dans les premiers mois de 1944.

Nous avons pu réduire les effectifs en faisant partir les aînés par une filière, vers la Suisse, et en plaçant quelques enfants dans des institutions catholiques et protestantes, grâce à l'entremise du Père Chaillet, fondateur de *Témoignage chrétien* dans la clandestinité. Le 6 avril, il restait quarante-quatre enfants...

Quelques jours auparavant, Miron et moi étions décidés à dissoudre la Maison et à disperser les enfants. Nous en avions fixé la date au lundi de Pâques. Je partis à Montpellier et repris contact avec l'abbé Prévost, le directeur de l'Institution Saint-François-Régis : il acceptait de recevoir une vingtaine de garçons. Très contente de ce premier résultat, je devais prendre le train dans la soirée du 6 avril 1944 pour retourner à Izieu. C'est à midi, ce jour-là, que m'est parvenu chez mon amie Berthe Weber, un télégramme anonyme, terrible dans sa brièveté : « Famille malade. Maladie contagieuse. »

Le soir même, je suis partie pour Vichy, alerter les services gouvernementaux. « Pourquoi vous occupez-vous de ces sales youpins ? Adressez-vous au chef de la Milice », m'a-t-on répondu. J'ai été à la direction de la Milice. Leur seul commentaire fut que je méritais d'être arrêtée et que je le serais si j'insistais. A Paris, la Croix-Rouge française ne pouvait rien faire. Elle était présente à Drancy, où, après la prison de Montluc, avaient été transférés les enfants, le personnel d'encadrement et mon mari.

La tragédie était consommée, irrémédiablement. Et nous n'en connaissions pas encore l'issue fatale. Toute la barbarie n'en sera connue que des mois plus tard, lorsque les armées alliées découvriront, horrifiées, les camps de concentration et les camps d'extermination, dans les territoires où le régime nazi avait fait régner la terreur. Mon mari et deux grands garçons, Arnold Hirsch et Théo Reiss, ont été transférés dans une forteresse à Reval (actuellement Tallinn) et fusillés le 31 juillet 1944, à l'arrivée des armées soviétiques.

Depuis la fin de la guerre, deux fois par an, nous allons nous recueillir à Izieu, déposer des fleurs devant la plaque où figurent les noms des quarante-quatre enfants, des personnels d'encadrement et de mon mari. Fleurir aussi le monument élevé en 1946 à Brégnier-Cordon grâce à une souscription nationale placée sous l'égide du général de Gaulle. Le docteur Léon Reifman, seul moniteur rescapé

La Maison d'Izieu
et quelques-uns des enfants.

de la rafle, et moi-même sommes accompagnés de quelques amis.

Nous tenons à ces moments de recueillement et de souvenir, parce que les crimes du nazisme ne doivent à aucun prix tomber dans l'oubli. Celui d'Izieu est l'un des plus atroces commis en France pendant les sinistres années de l'occupation nazie. Il doit rester dans la mémoire des Français pour que jamais de telles horreurs ne soient de nouveau possibles, faute d'avoir montré à temps assez de vigilance.

Avec l'instruction du procès Barbie, le drame des enfants d'Izieu, qui avait été oublié, a été « découvert ». Les journaux, la radio, la télévision ont alors parlé de ce crime contre l'humanité. Des groupes d'écoliers et d'étudiants ont été voir la Maison. Ils ont appris un peu de la réalité de ce que furent les années d'occupation.

Peut-être les générations qui ont vécu cette époque avaient-elles trop vite cherché à en oublier les cruautés. C'est le grand mérite de ce livre que d'en faire revivre, avec pudeur et émotion, quelques-uns des moments les plus tragiques.

Qu'il me soit permis d'évoquer brièvement deux des souvenirs que j'ai toujours dans l'esprit quand je pense aux enfants d'Izieu. Depuis quarante-cinq ans, ils ne me quittent guère.

Chaque soir, quand les enfants étaient couchés, je passais dans les dortoirs les embrasser et leur souhaiter bonne nuit. Un matin, au petit déjeuner, le plus jeune des enfants, Albert Bulka, que nous avions surnommé Coco, passe devant moi, l'air triste et des larmes aux yeux. Je le prends dans mes bras et lui demande la cause de son chagrin. Il m'a répondu à peu près ceci : « C'est à cause de toi. Hier soir tu n'es pas venue m'embrasser et tu ne m'as pas pris dans tes bras. J'ai pleuré longtemps avant de m'endormir. Alors dis-moi pourquoi hier soir tu n'es pas venue m'embrasser. » Je lui ai répondu que c'était exceptionnel, que c'était vrai, je n'étais pas montée dans son dortoir, parce qu'un Monsieur très important était venu me parler de la Maison. Je l'ai serré dans mes bras et lui ai demandé : « Tu me pardonnes ? » Il a répondu : « Oui, à condition que tu n'oublies plus jamais de m'embrasser. » Ouf ! La paix était rétablie avec mon cher Coco.

Un autre souvenir :

Le 13 janvier 1944, jour de mon anniversaire, je me trouvais à Montpellier, où j'étais venue payer la pension d'enfants placés dans des familles et remettre de petites sommes à des adultes qui y vivaient cachés. Ce 13 janvier j'ai reçu de tous les enfants des lettres. Je les garde précieusement. Dans presque chacune de leurs lettres, les enfants parlent de la paix, des retrouvailles avec leur famille et ils me souhaitent de retrouver la mienne. Voici quelques extraits de la lettre de Mina : « Mes vœux, tout en étant bien grands, sont aussi bien simples... je souhaite encore de tout cœur que vous fêtiez votre prochain anniversaire, ainsi que tous les suivants, dans votre famille... Nous aurions bien voulu que vous soyez parmi nous pour partager notre bonheur ensemble, mais nous comprenons bien que c'est impossible... Je termine ma lettre en vous embrassant bien tendrement. Mina. »

Sabine Zlatin

Point sur le Musée-Mémorial

Au lendemain du procès de Klaus Barbie, la décision fut prise de créer l'association du Musée-Mémorial d'Izieu, par fidélité à la mémoire des victimes, en hommage à la Résistance et pour susciter la vigilance.

Abritant des personnalités de confessions et d'orientations philosophiques différentes, l'association a acquis, en juillet 1990, la « Maison d'Izieu » pour y créer le musée ayant pour thème central les enfants juifs d'Izieu et le crime contre l'humanité. Le président de la République, monsieur François Mitterrand, a inscrit ce projet dans la liste des grands travaux.

La maison d'Izieu, tel est le nom choisi par l'association, est inaugurée en avril 1994, cinquante ans après la rafle.

Lieu de mémoire active et centre pédagogique, la Maison des Enfants d'Izieu répond aux objectifs suivants :
— tout d'abord, conserver le souvenir des enfants et de leurs éducateurs. La visite de la Maison permettra d'évoquer la vie quotidienne dans la maison et de relater comment et pourquoi les enfants issus de familles dispersées par les persécutions nazies y étaient cachés ;
— ensuite, susciter la réflexion sur la notion de crime contre l'humanité ;
— enfin, évoquer la lutte de la Résistance contre l'idéo-

logie nazie et appeler au nécessaire devoir de vigilance à l'égard du racisme et de l'antisémitisme, vigilance et résistance plus que jamais d'actualité.

Au regard de ses nombreux partenaires, amis, visiteurs, groupes scolaires et jeunes, l'association considérera sa mission remplie si les objectifs qu'elle s'était fixés, devoir de mémoire et appel à la vigilance, sont atteints et si la Maison d'Izieu contribue, à sa place, à l'édification d'une paix durable et à la résistance aux formes nouvelles d'oppression.

COMPOSITION : CHARENTE-PHOTOGRAVURE À ANGOULÊME
IMPRESSION : IMPRIMERIE HÉRISSEY À ÉVREUX
DÉPÔT LÉGAL : AVRIL 1994. N° 21132 (64738)